KB214708

신약 시대 신자가
왜 금식을 해야 하는가

Why Should I Fast?

Copyright ⓒ 2015 by Daniel R. Hyde
Originally published in English under the title Why Should I Fast?
by Reformation Heritage Books, Grand Rapids, MI, USA.

This Korean edition is translated and used by permission of Reformation
Heritage Books through rMaeng2, Seoul, Republic of Korea.

This Korean Edition Copyright ⓒ 2019 by Reformed Practice Books, Seoul,
Republic of Korea.

이 한국어판의 저작권은 알맹2 에이전시를 통해 Reformation Heritage Books와 독점
계약한 개혁된실천사에 있습니다.
신 저작권법에 의해 한국 내에서 보호받는 저작물이므로 무단 전재와 무단 복제를 금합
니다.

개혁된
실천
시리즈

신약 시대 신자가 왜 금식을 해야 하는가

금식의 개혁된 실천

대니얼 R. 하이드 지음

김태곤 옮김

개혁된실천사

목차

서론

■

■

내가 처음으로 기독교적인 금식을 한 것은 37세 때였다. 그리스도인이 된 지 20년 만에, 비로소 2천 년 동안 교회가 행해 온 그 일에 참여한 것이다. 이 짧은 책자를 쓰는 것은, 내가 성경적 경건 함양에 중요한 어떤 것을 20년 동안이나 놓치고 있었다는 깊은 확신에서 비롯되었다.

어떤 면에서 내게 금식 경험이 없었던 것은 이해할 만했다. 사실 성경은 66권으로 되어 있는 굉장한 책이다. 그러다 보니 그 중에서 많은 부분을 놓치기 쉽다. 그러나 목사로서 나는 더 잘 알았어야 했다. 당신은 금식에 대한 설교를 언제 마지막으로 들어보았는가? 이 질문에 대해 생각해보면, 필자가 무슨 말을 하려고 하는지 알 수 있을 것이다.

하지만 이것은 오늘날에 국한된 새로운 문제가 아니다. 우리는 자기 연민에 빠져서, 사람들이 금식했던 그리고 우리보다 더 경건했던 '좋았던 옛날' 타령을 하기 쉽지만, 과거의 날들도 오늘날과 그다지 다르지 않았다. 요엘 2장에 대한 강의에서 존 칼빈(1509-1564)은 이렇게 말했다.

복음은 금식을 폐하지 않았다. 그런 면에서 우리는 올바르고 적법한 일로부터 많이 벗어나 있는 것 같다. 왜냐하면 오늘날에는 금식을 선포하는 것이 새롭고 특이한 일이기 때문이다. 그 이유는 무엇일까? 대다수 신자의 마음이 굳어졌기 때문이다. 그들은 통상 회개가 무엇인지를 알지 못하며 따라서 회개의 고백이 무엇을 의미하는지도 모른다. 그들은 죄가 무엇인지, 하나님의 진노가 무엇인지, 은혜가 무엇인지에 대해 무지하다. 그들이 자신의 영혼의 상태에 대해 그토록 무턱대고 안심하는 것도, 그리고 죄 사함을 위한 기도에 대해 전혀 알지 못하는 것도 놀라운 일이 아니다. 하지만 많은 사람들이 이처럼 우둔하더라도, 우리는 하나님의 백성 가운데 늘 실제로 진행되어 온 일을 선지자들에게서 배우고 그것을 널리 알려야 한다. 그래야만 공중(the public)이 함께 회개하는 날이 올 때, 가장 무지한 사람마저 금식이 하나님의 교회에서 늘 행해 온 것이고 그것이 사람들의 무분별한 열심이 아닌 하나님의 뜻에 따라 실행되었다는 것을 이해할 수 있을 것이다.[1]

선조들의 시대도 우리 시대와 별반 다르지 않았다. 이것은 매월 1회 이상 금식했던 토마스 쉐퍼드(1605-1649)의 비범한 태도와 실천에 대해 코튼 매더(1663-1728)가 경탄을 표했던 사실을 통해 입증된다. 매더는 "쉐퍼드는 그가 금식하는 중에 위대한 일이 일어나지 않으면 그의 목양에서 그 어떤 위대한 일도 일어나지 않을 거라고 생각했

---

1. John Calvin, *Commentaries on the Twelve Minor Prophets: Volume Second*, John Owen 역(Grand Rapids: Baker, 1996), 14:45에 수록된 *Commentaries on the Prophet Joel*.

다"라고 말했다.[2] 조나단 에드워즈(1703-1758)는 그 당시의 목사들이 기도는 권면하되 금식은 거의 권면하지 않는다는 사실을 지적하면서 "목회자들은 설교에서 은밀한 기도의 의무를 추천하며 많이 권면하지만, 은밀한 금식에 대해서는 거의 말하지 않는다"라고 말했다.[3] 끝으로 아브라함 카이퍼(1837-1920)는 금식 관행의 상실에 대해 다음과 같이 한탄했다.

오늘날에도 경건한 자들 중에 금식하는 자들이 있기는 하지만 이는 매우 극소수이다. 금식은 점차 자취를 감추어 왔다. 우리는 더 이상 회중 금식을 하지 않는다. 우리는 금식으로부터 멀어져 왔으며, 그것을 건덕의 방편에 포함시키지 않는다.[4]

---

2. Cotton Mather, *The Great Works of Christ in America*(1702, repr., Edinburgh; Banner of Truth Trust, 1979), 2:148.

3. Jonathan Edwards, *The Works of Jonathan Edwards*(New Haven: Yale Univiersity Press, 1972), 4:521에 수록된 *Some Thoughts Concerning the Revival*.

우리 역시 종종 이 주제를 잊어버린다. 우리는 이 주제에 대한 설교를 들은 적이 없거나 어쩌면 금식을 한번도 해본 적이 없을 것이다. 우리는 지금 금식을 회복하고 바로잡아야 한다. 왜냐하면 성경이 금식을 가르치고 교회사가 그것을 입증하며 하나님이 그분의 백성에게 성령을 부어 주시기 위해 그것을 사용하시기 때문이다.

"하지만 금식이 율법주의로 이끌지 않는가?"라고 묻는 사람도 있을 것이다. 내가 금식의 필요성을 언급하면 통상 그러한 질문이 제기되었다. 금식이라는 주제를 꺼내면 신학적인 구역질반사가 뒤따르곤 했다. 어떤 사람은 금식이 율법 아래에 있는 자들을 위한 구약의 실천사항이라고 말한다. 또 어떤 이들은 "후일에 어떤 사람들이 믿음에서 떠나 미혹하는 영과 귀신의 가르침을 따르리라 하셨으니 자기 양심이 화인을 맞아서 외식함으로 거짓말하는 자들이라"(딤전 4:1-2)라는 신약 성경 말씀을 인용하면서

---

4. Abraham Kuyper, *The Practice of Godliness*, Marian M. Schoolland 역(Grand Rapids: Eerdmans, 1948), 97.

금식에 반대한다. 그들은 이 말씀에서 금하는 것 중 하나가 하나님이 지으셨으므로 감사함으로 받을 음식물을 금하는 것이라고 주장한다(딤전 4:3). 사실 바울은 다음 구절에는 이렇게 말했다. "하나님께서 지으신 모든 것이 선하매 감사함으로 받으면 버릴 것이 없나니"(딤전 4:4). 이 말은 금식을 반대하는 것처럼 들린다.

또한 사람들은 골로새인들을 향한 바울의 경고를 논거로 제시한다. 바울은 그리스도 안에 있는 굳건한 기초를 떠나 "사람의 명령과 가르침"이라는 일시적인 규례로 돌이키지 말라고 경고했다(골 2:20,22). 그것은 "맛보지 말라"는 것과 같은 규례로(골 2:21), 지혜 있는 것처럼 보이나 "자의적 숭배와 겸손과 몸을 괴롭히게 하는" 것일 뿐이라고 말했다(골 2:23).

이 구절들에서 바울은 거룩을 외적인 규칙 준수의 문제로 전락시키는 거짓된 가르침을 묘사하면서, 결혼과 음식을 금하는 것을 예로 든다.[5] 이 거짓된 가르침은 하나님께 더 가까워지기 위해 또는 더 영적인 사람이 되기 위해 특정한 음식을 금하라고 요구했다. 하지만 바울은 금식 자체를 거부한 것이 아니라 불경건한 목적으로 행하는 금식을 거부한 것이다. 경건하고 적절한 성경적 금식이 무엇인지는 뒤에 살펴볼 것이다.

그러면 패스트푸드 시대를 살고 있는 우리가 왜 금식해야 하는가? 금식은 구약 시대의 실천사항이 아닌가? 금식은 율법주의로 이끌어가는 것이 아닌가? 금식은 구시대적인 실천사항이 아닌가? 본서는 금식이 성경적 가르침이자 성경적 실천사항이고 불경건한 시대에 경건한 삶을 함양하는 데 매우 중요한 것임을 주장한다. 금식은 신자들의 경건 성장을 돕는 데 필수적이다. 이는 금식 자체가 목적이기 때문이 아니라 금식이 기도를 통해 은혜의 삼위일체 하나님과 풍성하고 깊고 인격적인 친교를 나누는 방편이기 때문이다. 금식은 기도를 돕는다. 이것

---

5. John Calvin, *Calvin's Commentaries*(Grand Rapids: Eerdmans, 1964), 10:235에 수록된 *The First and Second Epistles of Paul the Apostle to Timothy*, T. A. Smail 역, David W. Torrance and Thomas F. Torrance 편집. 골로새서 2장 20-23절에 대해서는 *Calvin's Commentaries*(1962, repr., Grand Rapids: Eerdmans, 1972), 11:341-344에 수록된 *The Epistle to the Colossians*, T. H. L. Parker 역, David W. Torrance and Thomas F. Torrance 편집을 보라.

이 핵심이다. 기도와 짝을 이룬 금식은 신자가 성령에 의지하여 성자 하나님을 통해 성부께 가까이 나아가도록 돕는다. 우리는 바로 이러한 하나님과의 친교를 추구해야 한다. 오직 이것을 통해서만 우리의 삶과 회중과 사회를 변화시킬 수 있기 때문이다.

1장
금식이란 무엇인가

■

■

금식은 잔치의 반대 개념으로 여러 문화적 맥락에서 이를 찾아볼 수 있다. 어떤 이들은 의학적인 이유로, 체중을 줄이거나 몸을 정화하기 위해 금식한다. 어떤 이들은 정치적 목적으로 단식하는데 이것도 금식이다. 어떤 이들은 자신의 종교를 표현하기 위해 금식한다. 예컨대 모든 성인 무슬림은 라마단 기간에 동틀 녘부터 해질 무렵까지 금식한다.[1] 본서가 다루는 것은 바로 종교적 측면의 금식

---

1. 기독교 외 다른 종교들의 금식 방법은 Eric N. Rogers, *Fasting: The Phenomenon of Self-Denial*(Nashville: Thomas Nelson, 1976)을 참고하라.

이다. 본서는 특히 기독교적 금식을 다룬다. 기독교적 금식은 음식이나 기타 하나님이 적법하게 공급해주신 것을 정한 기간 동안 종교적으로 금하는 것이다. 이렇게 하는 목적은 무엇일까? 금식이 기도로써 하나님께 더 가까이 가도록 도와주며 그분 앞에 몸과 영혼을 복종시키기 때문이다.[2] 기도를 배제한 금식은 아무런 유익이 없다. 따라서 금식은 외적인 측면과 내적인 측면을 지닌다. 매튜 바커(1619-1698)는 금식에 대해 정의하면서 이 두 가지 면을 함께 언급했다.

종교적인 금식은 전인(the whole man)이 엄숙하고 특별하게 하나님께 집중하는 헌신이다. 어떠한 목적을 위해, 예를 들어 하나님의 노여움에서 벗어나게 해달라고 간청하거나 그분의 은총을 간구하기 위해 특별히 정한 기간

---

2. Kuyper, *The Practice of Godliness*, 100. Henry Scudder, *The Christian's Daily Walk in Holy Security and Peace*(1690; repr., Harrisonburg, Va: Sprinkle Publications, 1984), 49. *The Two Books of Homilies*, John Griffiths 편집(Oxford: Oxford University Press, 1849), 280에 수록된 "Of Good Works: And First of Fasting".

에 금식하는 것이다. 그러한 헌신은 음식과 다른 육체적인 쾌락과 기타 세속적인 일을 금하는 것을 동반한다. 따라서 금식하는 사람은 그 시간에 자신을 구별하여 하나님께 드리며, 보다 엄숙한 일에 자발적으로 시간을 할애한다. 그리고 금식을 통해 엄숙하게 하나님과 함께 거하기 위해, 일종의 종교적인 서원 아래에 자신을 가져다 둔다.[3]

금식의 외적인 측면은 일부 감각적인 기쁨을 억제하는 것으로 이루어진다. 하지만 이것은 그 자체로 의미를 갖는 것이 아니라 철저히 내적인 측면의 목적—기도를 통해 하나님께 전념하는 유익— 을 달성하는 데 종속될 뿐이다.

그런데 기도를 위해 금식의 도움을 받아야 하는 이유는 무엇일까? 그리스도인은 분명 죄에 대해 죽었고, 따라서 죄를 섬길 수 없지만(롬 6:2,6), 죄는 지배하고 속박하려

---

3. Matthew Barker, *Puritan Sermons 1659-1689*(1674; repr., Wheaton, Ⅲ.: Richard Owen Roberts Publishers, 1981), 2:149에 수록된 "A Religious Fast".

는 시도를 계속한다(롬 7:14-24). 원리적으로 우리는 죄의 정죄하는 권능에서 벗어났지만, 실천적으로는 죄의 내주하는 실재와 싸우고 있다.[4] 우리는 한때 하나님의 원수이자 죄의 벗이었지만, 이제 하나님의 벗이 되었으니 죄의 원수가 되어야 한다. 우리가 평생 죄와 싸우도록 부르심 받은 것도 바로 이 때문이다(엡 6:10-20). 신학적 용어로 말하자면, 우리는 하나님의 은혜의 통치를 받는 자들로서 죄를 죽이도록 부르심받았다(롬 6:12-19).[5]

금식은 죄를 죽이는 노력을 도와준다. 매튜 헨리(1662-1714)는 죄 죽임을 "우리 자신에 대한 거룩한 보복"이라 지칭했다.[6] 왜 우리가 이 "보복"에 나서야 할까? 존 오웬(1616-1683)이 말했듯이, "죄가 우리를 마음대로 활동하게

---

4. John Owen, *The Works of John Owen*(1850-1853; repr., Edinburgh: Banner of Truth Trust, 1995), 6:7에 수록된 *Of the Mortification of Sin in Believers*.

5. Philip Barton, *The Nature and Advantages of a Religious Fast*(London: J. Pemberton, 1739), 6.

6. Matthew Henry, *Matthew Henry's Commentary on the Whole Bible* (Peabody, Mass.: Hendrickson, 1997), 1639.

하면, 우리가 죄를 마음대로 활동하게 할 수 있기" 때문이다. 그러므로, 항상 "죄를 죽이고 있으라. 그렇지 않으면 죄가 당신을 죽이고 있을 것이다."[7]

금식은 무엇이 우리를 지배하는지 알기 위해 자신을 시험하는 한 방법이다. 우리의 주인이 자아인가 아니면 구주이신가? 우리의 배인가 아니면 하나님의 은혜인가? 금식을 통해 판명이 난다.

그러면 금식은 우리가 죄를 죽이도록 어떻게 돕는가? 금식은 우리의 영적 감각을 일깨워 더 열렬하게 집중해서 기도하게 하기 때문이다. 고대 기독교 신학자인 터툴리안(160-225)은 "금식할 때 열렬함과 끈덕짐으로 하늘로 침공하여 하나님의 마음을 움직인다"라고 했다.[8] 토마스 아퀴나스(1225-1274)는 "금식이 천상의 것들을 더 자유롭게 묵상하도록 도와준다"라고 말했다.[9] 윌리엄 에임스

---

7. Owen, *Mortification*, 6:11, 9.

8. Tertullian, *The Fathers of the Church*, Rudolph Arbesmann과 Emily Joseph Daly와 Edwin A. Quain 역(Washington, D.C.: The Catholic University of America Press, 1962), 10:105에 수록된 "Apology", 40. 15.

(1576-1633)와 같은 개혁파 신학자들도 같은 취지로 말했다. 에임스는 "온 마음으로 하나님께 집중하여 이생의 것들에 대한 생각과 염려에서 벗어날 때 가장 신앙적인 금식이 된다"라고 했다.[10]

우리는 이 목표를 달성하기 위해 음식이나 다른 어떤 즐거움 또는 행동을 금할 수 있다. 적법한 금식은 기도에 전념하기 위해 일정 기간 동안 무엇인가를 포기하는 것이다. 예를 들어, 바울은 남편과 아내가 기도할 틈을 얻기 위해 서로 간의 성관계를 얼마 동안 금할 수 있다고 말했다(고전 7:5). 고대의 설교가 요한 크리소스톰(347-407)은 "금식은 죄로부터 금식하기(fasting from sin) 위한 것이다"라고 말하기까지 했다. "금식의 영예로움은 음식을 금하는 데 있는 것이 아니라 죄악된 행실을 금하는 데 있다." 그는 계속해서 이르기를, "입만 금식할 뿐 아니라 눈, 귀, 발,

---

9. Thomas Aquinas, *Summa Theologica*, 역서: Fathers of English Dominican Province(1948; repr., Notre Dame: Christian Classics, 1981), 3:1779.

10. William Ames, *The Marrow of Theology*, John Dykstra Eusder 역 (1968; repr., Grand Rapids: Baker, 1997), 265.

손을 비롯해 우리 몸의 모든 지체도 금식하자"라고 말했다.[11] 일부 청교도 신자들도 이 개념을 따랐다. 로버트 볼턴은 이렇게 말했다. "거룩한 금식은 특별한 경우에 행하는 종교적인 금욕이며, 이를 통해 우리는 음식만이 아니라 육체 노동과 세상 일들까지 삼간다."[12] 오늘날의 표현으로 말하자면, 우리는 주님께 전념하기 위해 음식이나 소셜미디어 같은 것들을 금할 수 있다.[13]

그러면 금식은 얼마나 중요한 것인가? 우리의 영적 선조들은 "너를 위하여…어떤 형상이든지 만들지 말며"(출

---

11. Chrysostom, *Nicene and Post-Nicene Fathers; First Series*(1889; repr., Peabody, Mass.: Hendrickson, 2004), 9:359에 수록된 *Homilies on the Statues*, W. R. W. Stephens 역

12. Robert Bolton, *The Saints Soul-exalting Humiliation; or Soule-fatting fasting*(London: John Haviland, 1634), 37. 또한 D. Martyn Lloyd-Jones, *Studies in the Sermon on the Mount*(Grand Rapids: Eerdmans, 1960), 2:38을 보라. 웨스트민스터 신앙고백(1958; repr., Glasgow, Scotland: Free Presbyterian Publications, 2009), 391의 '공공예배모범'(*The Directory for the Publick Worship of God*) 부분에는 "신앙적인 금식은 모든 음식은 물론이고(단, 몸이 약해서 금식이 끝날 때까지 견딜 수 없는 경우에는 기진하지 않을 정도로 아주 조금씩 음식을 섭취할 수 있음) 세상적인 모든 일과 강연, 생각, 그 외 모든 육체적인 기쁨과 (보통 때에는 적법하더라도) 화려한 의상과 장신구 등을 금식 기간에 전적으로 금할 것을 요구한다"라고 나온다.

20:4)라는 제2계명에서 요구하는 예배의 의무들 중 하나
가 바로 금식이라고 말했다. 웨스트민스터 대요리문답은
이렇게 확언한다.

제2계명은 하나님의 말씀으로 세워진 모든 예배와 규례
들을 받아들이고 준수하며 순전히 보존할 것을 요구한
다. 특히 그러한 규례들로는, 그리스도의 이름으로 드리
는 기도와 감사, 말씀을 읽고 설교하며 듣는 것, 성례의
집행, 교회 정치와 권징, 사역과 그것의 유지, 신앙적 금
식 등이 존재한다.[14]

웨스트민스터 신앙고백에서는 대요리문답 108문에 나
오는 예배 요소들을 두 범주로 구분했다. 그 구분에 따르

---

13. 이러한 현대적 적용에 대해서는 David Murray, "Is Fasting Appropriate
for Christians Today?", http://www.christianity.com/christian-life/
spiritual-growth/is-fasing-appropriate-for-christians-today.html
를 보라.

14. 웨스트민스터 대요리문답, 108문. Robert Bolton, *The Saints Soul-
exalting Humiliation*, 37.

면, 기도, 말씀 읽기, 설교, 시편 찬송, 성례 등은 통상적 예배 요소이고, 신앙적 맹세, 서원, 엄숙한 금식, 추수감사는 특별한 경우의 예배 요소이다.[15]

이 모든 내용의 요점은 무엇인가? 앞서 나는 금식이 잔치의 반대라고 말하면서 본장을 시작했다. 이것은 사실이다. 하지만 우리가 외적 즐거움을 삼가는 것은 주님의 은혜의 잔치를 누리기 위해서이다. 이제 당신은 주님의 은혜를 누리기 위해 기꺼이 음식을 금할 수 있겠는가? 구주께 더 가까이 가기 위해 다른 적법한 일들을 기꺼이 중단하겠는가? 기도하는 가운데 주님의 얼굴 앞에 있기 위해 페이스북, 트위터, 인스타그램 등으로 세상 앞에 당신의 최상의 얼굴을 내보이기를 기꺼이 중단하겠는가?

---

15. 웨스트민스터 신앙고백, 21. 5.

2장
성경에는 어떤 금식 사례가 나오는가

여기서 나는 기도와 결합된 금식이 경건 함양에 왜 그리 유익한지를 성경을 통해 보이고자 한다. 성경은 하나님의 말씀이 꿀보다 더 달다고 말한다(시 19:10). 따라서 하나님의 언약 백성의 역사 전반에 걸친 수많은 금식 사례들을 성경에서 살펴보면, 금식을 통해 언약 백성에게 베푸시는 하나님의 선하심을 맛볼 수 있을 것이다.

율법

하나님의 율법은 하나님의 모든 백성더러 1년에 한 차례 일곱 번째 달의 제10일에 공적인 금식을 행하라고 요구했다. 이날은 대속죄일로 알려져 있다. 레위기는 "스스로 괴롭게 한다"라는 문구로 금식을 묘사한다(레 16:29,31, 23:26-32; 민 29:7).[1] 또한 이스라엘 백성은 매년 수확물을 먹기 전에 번제와 전제와 함께 첫 소산을 드려야 했는데(레 23:9-14), 그날에 그들은 희생 제사들을 다 드릴 때까지 금식했다.

또 성경에는 하나님의 섭리적 돌보심 가운데 모세가 40일 동안 금식하는 놀라운 내용이 나온다. 신명기 9장에서 모세는 여호와께서 이스라엘 백성에게 약속의 땅을 주신 것은 그들의 의 때문이 아니라 그들의 불의에도 불구하고 은혜를 베푸신 것임을 상기시키는데, 그 대표적인 예가 금송아지 사건이다(신 9:6-8). 백성들이 우상 숭배에 빠져 있는 동안 모세는 40주야를 금식한 후 여호와께 율법을 받았다(신 9:9). 또 그는 여호와께서 우상 숭배에 진노

---

1. *The New International Commentary on the Old Testament*(Grand Rapids: Eerdmans, 1979)에 수록된 Gordon J. Wenham, *The Book of Leviticus*, 제3권, 236; *Bible Student's Commentary*(Grand Rapids: Zondervan, 1982), 제3권에 수록된 A. Noordtzij, *Leviticus*, Raymond Togtman 역, 171.

하여 이스라엘을 멸하려 하실 때, 이스라엘을 위해 다시 금식하면서 중재하며 간청했다(신 9:18).

역사서와 시편

역사서(여호수아-에스더)에서, 금식은 하나님 앞에서 자신을 겸비하게 하거나 하나님께 간구하기 위한 탁월한 방편이다. 예를 들어 이스라엘이 아이 전투에서 패배하자 여호수아는 옷을 찢고 이스라엘의 장로들과 더불어 여호와의 궤 앞에서 땅에 엎드려 머리에 티끌을 뒤집어쓰고 저물도록 엎드렸다(수 7:6). 이때 금식을 행한 것이다.

또 이스라엘 백성은 베냐민 지파의 끔찍한 죄에서 비롯된 내전 때문에 울고 기도하고 희생 제사를 드리며 여호와 앞에서 금식했다(삿 20:26). 이스라엘이 죄를 지어 여호와께서 그들을 억압하도록 블레셋 족속을 보내셨을 때, 선지자 사무엘은 이스라엘 백성을 모아서 회개의 필요성을 설교했고 백성은 물을 길어 여호와 앞에 붓고 금식했다(삼상 7:6).

사울과 다윗의 시대 전반에 걸쳐, 공중의 금식과 개인

적인 금식이 행해졌다. 사울은 병사들에게 경솔하게 금식을 명했으며(삼상 14:24), 길르앗 야베스의 용사들은 사울과 그의 아들들이 죽은 후에 7일 동안 금식했고(삼상 31:13; 대상 10:12), 다윗과 그의 사람들은 이 소식을 듣고서 옷을 찢고 금식했다(삼하 1:12). 다윗은 아브넬이 죽었을 때 금식했으며(삼하 3:31-37), 밧세바에게서 난 그의 아들이 병들었을 때 7일 동안 금식했다(삼하 12:16-22).

시편에 나오는 금식에 대한 몇몇 구절은 모두 다윗의 언급이다. 사람들이 선을 악으로 갚고자 할 때, 그는 "굵은 베옷을 입으며 금식하여 내 영혼을 괴롭게 하였더니 내 기도가 내 품으로 돌아왔도다"라고 말했다(시 35:13). 여호와를 비난하던 자들이 다윗을 비난하자 그는 "내가 곡하고 금식하였더니 그것이 도리어 나의 욕이 되었으며 내가 굵은 베로 내 옷을 삼았더니 내가 그들의 말거리가 되었나이다"라고 말했다(시 69:10-11). 다윗은 자신의 비천해진 상태를 "금식하므로 내 무릎이 흔들리고 내 육체는 수척하오며"라는 말로 표현했다(시 109:24).

금식은 구약 성도들의 경건에서 중요한 부분이었다.

당신이 하나님께 가까이 나아가기 위해 마지막으로 금식했던 때는 언제인가?

성경에는 금식에 대한 또 다른 이야기들이 나온다. 이스라엘의 왕정 시대에 악한 왕비 이세벨은 악한 목적으로 금식했다(왕상 21:9). 그녀의 남편인 아합도 금식했는데 그는 금식하며 여호와 앞에 자신을 낮추었다(왕상 21:25-29).

유다를 공격해 오는 대군에 대한 소식을 들은 경건한 왕 여호사밧은 "여호와께로 낯을 향하여 간구하고 온 유다 백성에게 금식하라 공포하매 유다 사람이 여호와께 도우심을 구하려 하여 유다 모든 성읍에서 모여와서 여호와께 간구"했다(대하 20:3-4). 여기서 금식의 목적이 여호와의 도우심을 구하는 것임을 주목하라.

유대 민족이 포로지로부터 약속의 땅으로 돌아갈 준비가 되었을 때, 에스라는 금식을 선포하고 그들과 그들의 어린아이들과 모든 소유를 위하여 평탄한 길을 여호와께 간구했다(스 8:21).

그리고 그 시기에 바사 왕 아하수에로(크세르크세스 1세)는 그의 모든 사무를 하만에게 맡겼다. 하만은 바사 제국 전역의 모든 유대인을 멸절시키기로 결심했고, 이 소식을 들은 모르드개는 옷을 찢고 베옷을 입고 머리에 재를 뒤집어쓴 채 왕의 문 앞에 서 있었다. 결국 이 일을 계기로 온 유대인이 애통하고 울며 금식했다(에 4:3). 바사의 왕후가 되었던 유대 여인 에스더는, 하만의 음모를 왕에게 말하기 위한 준비로 모르드개를 통해 수산에 있는 유대인들에게 사흘 동안 금식할 것을 부탁했다(에 4:15-16). 이후 이 사건을 기념하기 위해 '부림일'이라는 민족적 금식일이 제정되었다(에 9:30-31).

그리고 느헤미야 시대에 더 많은 포로민들이 약속의 땅으로 돌아갔다. 느헤미야는 유대인들의 상황을 듣고 여러 날 금식하며 기도했다(느 1:4). 또한 그의 인솔하에 포로 귀환이 이루어진 후에는 "이스라엘 자손이 다 모여 금식하며 굵은 베옷을 입고 티끌을 무릅쓰며…서서 자기의 죄와 조상들의 허물을 자복"했다(느 9:1-2). 당신도 그런 식으로 자신을 낮추어본 적이 있는가?

선지서

선지서에도 금식에 대한 긍정적 사례들이 나온다. 물론 선지자들이 이스라엘의 거짓된 금식을 책망한 사례들도 나온다. 긍정적인 예로는 다니엘과 그의 친구들이 느부갓네살 왕의 잔치 음식을 거부했던 것을 들 수 있다. 그들은 열흘 동안 야채만 먹고 물만 마셨다(단 1:12-16). 선지자들의 예언이 실현되고 있음을 깨달은 다니엘이 기도하고 금식한 사례도 나온다. "내가 금식하며 베옷을 입고 재를 덮어쓰고 주 하나님께 기도하며 간구하기를 결심하고 내 하나님 여호와께 기도하며 자복하여"(단 9:3-4). 그 후에도 그는 3주 동안 고기와 포도주를 먹지 않았다(단 10:2-3).

소선지서에 따르면, 하나님은 이스라엘 지도자들에게 금식을 선포하고 이를 신실히 수행하라고 당부하셨다. "너희는 이제라도 금식하고 울며 애통하고 마음을 다하여 내게로 돌아오라 하셨나니 너희는 옷을 찢지 말고 마음을 찢고"(욜 2:12-13). 금식은 형식을 넘어 참으로 신실하게 행해야 한다.

하나님은 새 언약을 통한 부흥의 소망을 예고하시면서 금식의 용어를 사용해서 말씀하셨다. "넷째 달의 금식과 다섯째 달의 금식과 일곱째 달의 금식과 열째 달의 금식이 변하여 유다 족속에게 기쁨과 즐거움과 희락의 절기들이 되리니"(슥 8:19). 유다 백성에게 곤경의 시기를 기억나게 했던 금식일들이(레 16:29,31) 하나님의 축복으로 인해 기쁘고 즐거운 날들이 될 것이라는 예언이다.[2]

한편 선지자들은 이스라엘의 거짓된 금식도 폭로했다. 이사야 58장 1-12절에서 하나님은, 이스라엘이 그들 자신의 즐거움을 위해 금식했기 때문에 그것을 보지 않으셨다고 말씀하신다. 그들은 하나님을 기쁘시게 하기 위해 금식해야 했으며, 그렇게 할 때 그들은 가난한 자들을

---

2. 이 구절을 취한 것은 유다의 금식이 중단되고 잔치가 이를 대체할 것이라는 의미가 아니다. 그들의 금식 자체가 슬픔의 때가 아닌 기쁨의 때가 될 것이라는 의미다. 이 견해에 대해서는 *The Minor Prophets: An Exegetical & Expository Commentary*, Thomas Edward McComiskey 편집(Grand Rapids: Baker, 1998), 3:1154에 수록된 Thomas McComiskey, "Zechariah"를 보라. 반대 의견에 대해서는 Barry G. Webb, *The Message of Zechariah*(Downners Grove, Ⅲ.: InterVarsity, 2003), 124-127을 보라.

보살피는 삶으로 이끌릴 것이었다. 그리고 그들이 그렇게 할 때, "네가 부를 때에 나 여호와가 응답하겠고 네가 부르짖을 때에 내가 여기 있다 하리라"라고 약속하셨다(사 58:9). 또한 스가랴 7장 5절에는 70년 동안 다섯째 달과 여섯째 달마다 금식했던 자들에게 여호와께서 "그 금식이 나를 위하여 나를 위하여 한 것이냐"라고 물으신 내용이 나온다. 이는 앞의 이사야 본문의 내용과 일맥상통한다. 또한 하나님은 예레미야를 통해 "너는 이 백성을 위하여 복을 구하지 말라. 그들이 금식할지라도 내가 그 부르짖음을 듣지 아니하겠고"라고 말씀하셨다(렘 14:11-12). 이스라엘의 불성실한 금식은 니느웨 거민들(욘 3:5-10) 또는 메대 왕 다리오(단 6:18) 같은 이방인들의 금식을 선지자들이 긍정적으로 묘사한 사실에 의해 더욱 부각된다.

복음서와 사도행전

끝으로 신약 성경을 살펴보자. 그리스도께서 성전에서 하나님께 드려지실 때, 여선지자 안나는 그분의 오심을 준비하면서 금식하고 있었다(눅 2:37). 우리 주님은 마치 이스라엘처럼 광야에서 영적 시험을 받으셨다. 사탄에게 받는 시험을 위해, 주님은 40일 동안 금식함으로 준비하셨다(마 4:2; 눅 4:1-2).《성공회 공동 기도서》(*The Book of Common Prayer*)에는 예수님의 광야 금식을 우리 그리스도인의 삶에 적용하는 기도가 나온다. "우리를 위해 40주야를 금식하셨던 주님, 그런 금욕을 사용할 수 있는 은혜를 우리에게 주셔서, 우리의 육신이 성령께 복종하고, 우리가 의와 참된 거룩함 가운데 주의 경건하신 행동을 항상 따름으로써 주의 영예와 영광을 높여드릴 수 있게 하소서. 주님은 아버지와 성령님과 함께, 한 하나님으로서 영원토록 사시며 온 세상을 다스리시나이다."[3]

예수님도 선지자들처럼 잘못된 금식을 비난하셨다. 구체적으로 남의 인정을 받으려는 금식(마 6:16-18), 또는 하나님께 받아들여지기 위한 근거로 행하는 금식(눅 18:12)을 책망하셨다. 또한 제자들이 이 땅에서 예수님과 함께

---

3. 공동 기도서(1662)에 수록된 "사순절 첫째 주일을 위한 본 기도". 이 기도문을 인용한 것은 사순절 준수를 권하기 위해서가 아니라 가르침을 위해서이다.

있는 동안 금식하지 않는 이유를 바리새인들에게 알려 주셨다(마 9:14-15; 막 2:18-20; 눅 5:33-39).

사도행전에서 제자들은 예수님의 승천 후에 기도하기 위해 모였다. 그들은, 바울과 바나바를 선교사로 임명하여 파송하는 과정과(행 13:2-3) 장로들을 세우는 과정과(행 14:23) 관련하여 금식하였다. 이 사례들은 뒤에서 다시 살펴볼 것이다.

서신서

예수님의 가르침과 사도행전의 사례를 통해 당시에도 그리스도인이 금식을 행했음을 볼 수 있었다. 하지만, 서신서에는 금식에 대한 언급이 매우 드물다. 바울은 남편과 아내가 기도와 금식의 때 외에는 서로 간의 성관계를 금하지 말라고 권면했다(고전 7:5. 흠정역 성경에는 한글 성경과 달리 '금식과 기도'fasting and prayer라고 기록되어 있음—편집주).[4] 바울은 선교 여행 중에 박해로 인해 타의로 금식해야 했다고 말한다(고후 6:5, 11:27).

당신은 금욕이 분명한 기독교적 실천사항이라고 믿는

가? 앞서 살펴본 성경의 사례들은 금식이 신구약 전반에 걸친 성경적인 실천사항이라는 인상을 준다. 각각의 사례들은 우리 영혼의 입술에 떨어지는 달콤한 꿀이다. 당신은 당신의 죄의 무게가 느껴질 때, 금식의 도움을 받아 기도로 당신의 죄를 주님께 자백하라는 지시를 받는다. 주님의 임재를 자각하지 못할 때, 금식의 도움을 받아 기도로 하나님께 가까이 나아가라는 권고를 받는다. 당신과 교회는 주님의 특별한 도우심이 필요할 때, 이를 위한 방편인 금식을 개인적으로나 공동으로 잘 활용하고 있는가? 주님이 당신이나 회중을 풍성히 축복하실 때, 기쁨과 즐거움으로 주님을 찬양하는 가시적인 표현으로서 금식하며 기도하는가?

---

4. 이 구절의 다양한 변화에 대해서는, Bruce M. Metzger, *A Textual Commentary on the Greek New Testament*(repr., Stuttgart, Germany: Deutsche Bibelgesellschaft, 1994), 488을 보라. 본문에 나오는 문제에 대한 주해에 대해서는 http://www.koinoniablog.net/2010/04/prayer-and-fasting.html에 있는 "1 Cor. 7:5-Prayer and Fasting(Monday with Mounce 67)"을 보라.

3장
예수님은 금식에 대해 말씀하셨는가

■

■

여기서는 금식이 단지 구약의 실천사항만이 아님을 밝히기 위해 금식에 대한 예수님의 가르침을 소개하고자 한다. 우리 주 예수님은 금식에 대한 대화를 몇 차례 나누셨다. 존 파이퍼는 마태복음 9장 14-17절을 "성경에 나오는 금식에 관한 가장 중요한 말씀"이라고 부른다.[1] 이제 이 특별한 본문이 금식에 대해 무엇을 가르치는지 살펴보자.

---

1. Piper, *A Hunger for God: Desiring God through Fasting and Prayer*(Wheaton, III.: Crossway, 1997), 26.

금식에 대한 질문

마태복음 9장 14절은 금식에 대해 세례 요한의 제자들이 질문하면서 시작된다. 요한의 제자들이 예수님께 가서 이렇게 물었다. "우리와 바리새인들은 금식하는데 어찌하여 당신의 제자들은 금식하지 아니하나이까?" 누가복음의 평행 구절에서도, "요한의 제자는 자주 금식하며 기도하고 바리새인의 제자들도 또한 그리하되 당신의 제자들은 먹고 마시나이다"라고 하면서 해명을 얻고자 질문하는 내용이 나온다(눅 5:33). 세례 요한의 제자들과 바리새인들은 금식했지만, 예수님의 제자들은 금식하지 않았던 것이다.

세례 요한의 제자들이 이 질문을 던진 것은, 앞서 보았듯이 금식이 천 년 이상 하나님의 백성의 삶의 일부였고 하나님이 명하신 경건과 겸비의 행동이었기 때문이다. 하지만 이제 예수님이 이스라엘 역사에 등장하셨는데 그분의 제자들은 금식하지 않으니, 당시 사람들의 눈에 그 제자들이 의아하게 보인 것은 당연했다. 그들은 경건한 유대인이고 싶지 않았던 걸까?

금식에 대한 예화들

마태복음 9장은 금식의 또 다른 측면에 관심을 기울이게 한다. 예수님은 금식에 대한 세 가지 예화로 앞의 질문에 대답하신다.

혼인

먼저 예수님은 혼인 예화를 통해 금식에 대해 가르치셨다. "혼인집 손님들이 신랑과 함께 있을 동안에 슬퍼할 수 있느냐 그러나 신랑을 빼앗길 날이 이르리니 그때에는 금식할 것이니라"(마 9:15). 결혼식장은 분명 즐겁고 기쁜 분위기일 것이다. 당신이 참석한 피로연에 신랑이 신부와 함께 있다면, 그 분위기는 행복할 것이다. 즉 축하 자리에서는 금식하지 않고 기뻐하며 즐긴다는 것이 예수님 말씀의 요점이다. 예수님은 자신이 신랑이며 그분의 백성은 하객이라고 말씀하신다. 사실, 이렇게 말씀하시면서 그분은 자신이 오심으로써 도래케 하신 나라를 구약 예언들의 표현으로 묘사하고 계신 것이다(마 3:2, 4:17). 구약의 이사야 62장 5절에는 "신랑이 신부를 기뻐함 같

이 네 하나님이 너를 기뻐하시리라"고 나와 있다. 호세아
는 "내가 네게 장가들어 영원히 살되 공의와 정의와 은총
과 긍휼히 여김으로 네게 장가들며 진실함으로 네게 장
가들리니 네가 여호와를 알리라"고 전한다(호 2:19-20). 그
러므로, 예수님의 제자들은 불경건한 것이 아니었다. 그
들은 왕(신랑)의 오심을 축하하고 있었다. 예수님이 하객
들과 함께 있는 동안 그들은 그분의 나라의 도래를 기뻐
하며 즐겼다. 그리고 그분이 그들을 떠나셨을 때 그들은
금식했다. 존 파이퍼가 금식을 "하나님을 향한 향수"라고
묘사한 것도 바로 이 때문이다.[2] 현재 우리가 금식하는
것은 그리스도를 그리워하며 그분과 함께 있기를 바라기
때문이다. 이것은 우리에게 너무나 실제적인 일이다. 주
님은 말씀 안에서 우리의 마음을 살피신다. 당신은 그리
스도의 재림과 그분을 직접 대면할 날을 갈망하는가? 그
렇다면 금식을 신앙적 실천사항의 일부로 삼으라.

---

2. John Piper, *A Hunger for God*, 13-23.

옷

둘째, 예수님은 옷 이미지를 사용하여 금식에 대해 가르치셨다. "생베 조각을 낡은 옷에 붙이는 자가 없나니 이는 기운 것이 그 옷을 당기어 헤어짐이 더하게 됨이요"(마 9:16). 예수님은 새로운 어떤 것을 들여오셨다고 말씀하고 계시며 그것을 "새 옷"으로 묘사하신다. 구체적으로 예수님의 제자들이 유대인들의 방식으로(낡은 옷) 금식할 수는 없다고 말씀하신다. 그분의 금식과 그들의 금식은 다르다. 왜 그럴까? 그분이 들여오신 나라는 옛 언약에 붙일 수 없었다. 예수님은 새롭고 더 나은 언약을 개시하기 위해 자신에 관한 옛 언약의 모든 예언들을 이루러 오셨다(렘 31:31-34; 히 8장). 이 예화는 예수님이 단순히 옛 언약이라는 낡은 옷을 기워 붙이기 위해 오신 것이 아님을 알려준다. 그분은 자신의 백성에게 새롭고 만족스러운 옷을 입히기 위해 오셨다. 우리에게 옛 언약이라는 남루하고 허름한 베옷을 입히러 오신 것이 아니라 새 언약이라는 멋지고 밝은 옷을 입히러 오셨다.

포도주

셋째, 예수님은 금식에 대해 가르치기 위해 포도주 예화를 사용하셨다. "새 포도주를 낡은 가죽 부대에 넣지 아니하나니 그렇게 하면 부대가 터져 포도주도 쏟아지고 부대도 버리게 됨이라 새 포도주는 새 부대에 넣어야 둘이 다 보전되느니라"(마 9:17). 예수님은 자신이 새 언약을 옛 언약 속에 넣으려고 오신 것이 아님을 반복하여 말씀하신다.[3] 포도주는 선지서에서 새 언약의 이미지이다. 요엘은 "그 날에 산들이 단 포도주를 떨어뜨릴 것이며"라고 전한다(욜 3:18). 아모스는 "산들은 단 포도주를 흘리며 작은 산들은 녹으리라"라고 전한다(암 9:13). 만일 새 언약의 새 포도주를 옛 언약의 낡은 부대에 넣으면 가죽부대가 터져서 포도주를 잃게 될 뿐이다. 그러나 예수님은 새 언약의 새 포도주를 구속함을 받은 그분의 백성의 새 부대

---

3. 이 구절에 대한 제롬의 주석을 보라. *The Fathers of the Church* (Washington, D. C.: The Catholic University of America Press, 2008), 117:108-110에 수록된 *Commentary on Matthew*, Thomas P. Scheck 역.

속에 넣으신다. 이렇게 해야만 둘 다 보전되기 때문이다.

4장에서 언급하겠지만, 이것은 우리가 죄의 짐을 느끼거나 섭리적 상황 속에서 우리 삶에 슬픔이나 기쁨이 가득할 때마다, 또는 주께서 이끄실 때마다 우리는 금식할 자유가 있음을 뜻한다. 고대 그리스도인들은 유대인처럼 월요일과 목요일이 아니라 수요일과 금요일에 금식했다는 사실에 주목하라(누가복음 18장 12절에서 바리새인들이 "나는 이레에 두 번씩 금식"했다고 하였다[4]). 우리의 선조들은 그들의 금식을 유대교의 금식과 구분했던 것이다. 그 이유는 새 부대에 담긴 새 포도주에 대한 예수님의 가르침 때문이었다.

예수님이 오셔서 그분의 나라를 여셨을 때, 그분의 백성은 기뻐했다. 금식은 역사의 그 시기에 적절하지 않았다. 그러나 이제 왕께서 그분의 집에 우리를 위한 처소를 예비하려고 우리를 떠나셨다. 그래서 우리는 하나님이 우

---

4. *The Fathers of the Church*(New York: CIMA Publishing Co., 1947), 1:177-178에 수록된 *The Didache*, 8, Francis X. Glimm 역.

리를 위해 예수님 안에서 마련해주신 모든 것을 점점 더 많이 알기를 간절히 바란다. 그리고 금식한다.[5]

당신의 영혼이 간절히 바라고 갈망하며 "아멘. 주 예수여, 오시옵소서"라고 부르짖는지 살펴보라(계 22:20; 고전 16:22). 당신은 주님을 대면하여 보기를 갈망하는가(고전 13:12)? 그렇다면 기도하기 위해 금식하라. 다음 장은 구체적 방법에 대해 설명한다.

---

5. Piper, *A Hunger for God*, 48.

4장
금식을 어떻게 해야 하는가

예수님은 자신이 승천하신 후에 제자들이 금식할 것이라고 말씀하셨다(마 9:15). 앞서 보았듯이, 그리스도께서 지상에 계시는 동안에는 제자들은 금식할 필요가 없었다. 하지만 이제 금식은 그리스도의 완전한 나라에서 그분을 뵙기를 갈망하는 마음을 표현하는 적절한 수단이다. 그러면 새 언약의 그리스도인은 어떻게 금식해야 하는가?

자유롭게 금식한다

구약과 신약의 사례에서 우리는 하나님이 그분의 백성을 위해 그분의 말씀으로 금식을 규정하심을 보았다. 그러나 이제 새 언약 아래에서 우리는, 옛 언약에서의 의무와는(레 16:29, 31, 23:9-14, 23:26-32; 민 29:7) 다르게 무엇보다도 자유롭게 금식해야 한다. 금식이 자유로운 행사임을 시사하는 예수님의 말씀에 주목하라. "그때에는 금식할 것이니라"(마 9:15; 눅 5:35). 마태복음 6장 16-18절도 같은 것을 시사한다. 여기서 사람에게 보이려고 외적인 방식으로 금식했던 "외식하는 자들"이 등장하는데, 그들은 사람들의 찬사를 받으려고 금식했으며, 예수님은 그들이 자기 상을 이미 받았다고 하셨다(마 6:16). 이와 반대로 예수님의 제자들은 그분의 은혜에 감사하는 마음으로 자원함으로 그분을 섬기며, 예수님은 "은밀한 중에 보시는" 아버지께서 그들에게 갚으실 것이라고 하셨다(마 6:18).

이것은 무엇을 뜻하는가? 이것은 새 언약하에서 당신이 자유롭게 금식하거나 금식하지 않을 수 있음을 뜻한다. 당신이 금식해야 하는 특정한 날이나 기간이 정해져 있는 것이 아니다. 성경에 나오는 전형적인 금식은 온종일 하는 금식인 것 같은데, 이는 우리의 금식 방법을 이해하는 데 도움이 된다. 하지만 '금요일에는 고기를 금하는'

로마 가톨릭의 방침과 같은, 금식 관련 규정은 없다. 당신에게 요구하는 특정한 방식은 없다. 당신은 이 모든 것에서 자유롭다. 칼빈은 로마 가톨릭에서 요구하는 금식을 염두에 두고서 회중 금식에 대해 "금식의 시간과 방식과 형태는 하나님의 말씀에 규정되어 있지 않으며 교회의 판단에 맡겨져 있다"[1]라고 말했다. 또 그는 "세례 요한은 제도적으로 고정되도록 그의 제자들을 훈련시켰고 그 목적을 위해 금식을 위한 날과 기도 형식 및 시간을 지정했다. 이것이 기본적인 지침으로 도움은 되겠지만 이것은 의식적이며 사소한 문제들로서 이를 지키라고 너무 엄격히 강조해서는 안 된다"라고 말했다.[2] 어거스틴도 금식의

---

1. John Calvin, *Institutes of the Christian Religion*, John T. Mcneill 편집, Ford Lewis Battles 역(Philadelphia: Westminster, 1960), 4:12.14. 영국 설교집에는 이런 구절이 나온다. "그 자체의 특성상, 아무래도 좋은 일들과 관련하여, 사람이 만든 어떤 법규도 영속적으로 준수되도록 그리스도인들의 양심을 속박하지 못한다."("The Second Part of the Homily of Fasting", 288).

2. John Calvin, *Calvin's Commentaries*(1972; repr., Grand Rapids: Eerdmans, 1975), 1:267에 수록된 *A Harmony of the Gospels, Matthew, Mark, and Luke*, A. W. Morrison 역, David W. Torrence and Thomas F. Torrence 편집.

자유를 가르쳤다. "복음서와 서신서들에서, 그리고 신약 성경이라 불리는, 우리의 지침을 위한 책 전체에서, 나는 금식에 대한 언급을 본다. 하지만 주님이나 사도들이 금식을 해야 하거나 하지 말아야 하는 날에 대해 명확히 규정하신 그 어떤 규례도 찾아볼 수 없다."[3]

이 점을 강조하는 것이 중요하다. 왜냐하면 우리가 성경을 넘어 금식의 규례를 정하기 시작하면 자유롭게 행해야 할 일이 무거운 짐으로 변하기 때문이다. 이렇게 되면 어거스틴이 말했듯이, "유대교적 교회의 상태가 선호된다."[4] 콘스탄티노플의 소크라테스(380년 생)는 부활절 일요일 이전 40일 동안 행하던 고대 교회의 다양한 금식 형태에 대해 언급하면서 이렇게 말했다. "누구도 권위 있는 명령으로 문서화할 수는 없기 때문에, 사도들은 이 문제를 각자의 자유의지에 맡겨서, 반드시 행하게 강요하지

---

3. *Nicene and Psot-Nicene Fathers: First Series*(1886; repr., Peabody, Mass.: Hendrickson, 2004), 1:268에 수록된 Augustine, "Letter 36: To Casulanus", J. G. Cunningham 역.

4. *Nicene and Psot-Nicene Fathers: First Series*, 1:315에 수록된 Augustine, "Letter 55: To Januarius."

않고 각자 자신의 판단대로 선한 것을 할 수 있게 한 것이 분명하다."[5] 이와 관련하여 마틴 루터(1483-1546)는 다음과 같이 말했다.

여기서 그는 교황이 했던 것과는 달리, 특정한 금식 시간을 정하지 않는다. 그는 그것을 사적이며 개인적인 문제로 각자에게 맡긴다. 그래서 어느 정도 자신의 몸을 억제하는 것이 필요한지를 각자의 이성과 상식에 따라 결정하게 하려는 것이다. 이 문제를 전체 회중에게 일괄적으로 적용하는 명령은 아무런 소용이 없기 때문이다. 왜냐하면 우리는 서로 너무 달라서 한 사람은 몸이 튼튼하고 다른 사람은 약하며, 따라서 한 사람은 자신을 많이 부인해야 하고 다른 사람은 조금 부인해야 하며, 결국 이를통해 자신의 몸을 건강하게 유지하면서 동시에 선한 봉사를 하기 위한 준비를 잘 갖춰야 한다.[6]

---

5. *Nicene and Post-Nicene Fathers: Second Series*(1890; repr., Peabody, Mass.: Hendrickson, 2004), 5. 22, 콘스탄티노플의 Socrates, *The Ecclesiastical History*, E. Wolford와 A. C. Zenos 목사 역, 1:131, col. 2

겸손하게 금식한다

우리는 겸손하게 금식한다. 자신들의 전통에 따라 "자주" 금식한다고 자랑했던 자들과(눅 5:33) "그 날에는 금식할 것이니라"(눅 5:35)고 하신 예수님의 말씀은 서로 대조된다. 또한 고통스런 표정으로 걸어 다니면서 금식함을 자랑했던 바리새인들과(마 6:16) 오직 하나님 앞에서만 금식했던 예수님의 제자들은(마 6:17-18) 현저히 대조된다.

예수님이 오시기 수백 년 전에 이사야는 "보라 너희가 금식하는 날에 오락을 구하며"(사 58:3)라고 말하면서 이스라엘 지도자들의 태도를 책망했다. 그들이 금식한 것은 하나님의 영광이 아닌 자신의 이익을 위해서였다. 선지자 요엘도 같은 이유로 이스라엘을 책망했다. "여호와의 말씀에 너희는 이제라도 금식하고 울며 애통하고 마음을 다하여 내게로 돌아오라 하셨나니 너희는 옷을 찢지 말고 마음을 찢고 너희 하나님 여호와께로 돌아올지어다"(욜

---

6. Martin Luther, *Commentary on Peter & Jude*, John N. Lenker 편집 (Grand Rapids: Kregel, 1982), 62.

2:12-13). 그들은 겉으로만 금식했을 뿐, 그들의 마음은 여호와 하나님에게서 멀었다.

이는 금식할 때 우리가 외적으로는 평소 모습대로 행동하지만 내적으로는 하나님 앞에 자신을 낮추면서 기도로 그분의 얼굴을 구해야 함을 뜻한다. 이렇게 할 때, 친구들은 보지 못해도 하나님은 보고 계시다는 것이다. 결국 금식은 동기가 중요하다. 우리의 금식은 인간의 인정이 아닌 하나님의 인정을 보상으로 삼아야 한다.

진지하게 금식한다

우리가 어떻게 금식해야 하는지에 대한 세 번째 측면은, 진지하게 해야 한다는 것이다. 서두에서 말했듯이, 성경적인 금식은 의료적인 금식이나 체중 감량을 위한 금식이 아니다. 이는 하나님 앞에 진지하게 행하는 일이다. 우리는 이 점을 성경 전반에 걸쳐 본다. 본서 2장에서 보았듯이, 하나님의 백성의 삶에는 금식이 필요함을 느끼게 하는 심각한 사안들이 있다.

금식의 진지함은 육체적, 영적으로 어떤 준비가 필요

함을 시사한다. 우리는 자유롭게 금식하지만, 그렇다고 따를 지침이 없는 것은 아니다. 육체적으로는, 전날 밤에 충분히 휴식하고 충분한 음식과 물을 섭취한다. 영적으로는, 금식의 목표에 미리 마음을 집중하면서 금식으로 해결하려는 문제에 대한 하나님의 도우심을 간절히 구한다.[7]

또한 금식의 진지함은 우리의 개인적인 금식이나 가정의 금식 외에 교회가 공동으로 금식할 때가 있음을 의미한다. 이것은 우리 시대에 상실된 실천사항이다. 하지만 칼빈이 말했듯이, "목사들은, 필요한 때에, 금식이나 엄숙한 탄원 또는 겸손과 회개와 믿음을 표현하는 기타 행동들을 하도록 교인들에게 권해야 한다."[8] 또 그는 "모든 큰 문제를 놓고 하나님께 기도할 때마다, 금식하며 기도

---

7. 준비에 대해서는 예배모범(The Directory for the Publick Worship of God)에 수록된 Scudder, *The Christian's Daily Walk*, 55; "Concerning Publick Solemn Fasting"을 보라.

8. Calvin, *Institutes*, 4. 12. 14.

하는 것이 상책일 것이다"라고 말했다.[9]

금식과 기도로 바울과 바나바를 임명하여 선교지로 파송하고(행 13:1-3), 장로들을 세운(행 14:23) 신약의 사례들을 보면, 우리 선조들은 하나님 나라를 위하는 일에 매우 진지했음을 알 수 있다. 오늘날 우리가 목사들과 선교사들과 장로들과 집사들을 지명 추천하고 선출하며 임명하는 과정이 얼마나 경박스럽고 형식적인지를 본다면, 우리 선조들은 충격을 받을 것이다. 네덜란드의 종교개혁 시기에는 사도적 본보기가 지속되었다. 교회의 직분자(목사들과 장로들과 집사들)를 선출하기 전에, 교회에서 하나님의 뜻이 이루어지도록 회중이 온종일 금식하며 기도하곤 했다.[10] 만일 신약 성경에 나오는 교회들과 개혁파 선조들이 교회 직분자들을 임명하기 전에 금식과 기도를 행했다면, 우리 회중 가운데 어떤 사람이 이런 관행으로 돌아가려 할 때 어떻게 '경건주의' 운운하면서 의혹을 피력할 수 있겠는가? 우리의 관행도 그런 식으로 다시 바로잡아야 하지 않

---

9. Calvin, *Institutes*, 4. 12. 16.

겠는가? 만일 우리가 교회로서 하나님께 위임받은 일을 위해 기도할 때 금식을 활용한다면, 우리는 하나님의 영으로 충만하여 더 강한 리더들을 지닌 더 강한 교회를 이룰 것이다.

복음적으로 금식한다

진지함에 대해 바르게 이해해야 한다. 우리의 금식은 진지하지만, 외적인 의식들과 옛 언약의 표현들을 사용하지는 않는다. 즉 옷을 찢거나(욜 2:13), 베옷을 입거나(느 9:1), 신을 벗고 머리털을 뜯거나(스 9:3; 사 22:12), 머리에 재와(단 9:3) 먼지를(느 9:1) 뒤집어쓰는 행동은 하지 않는다. 이런 행동들은 옛 언약에 속한 일시적인 것이었다.[11] 바리새인들은 여기에 얼굴을 흉하게 하는 그들의 관행을 덧붙였다(마 6:16). 칼빈은 고대의 관행을 일일이 따르지 않는 것

---

10. Alastair Duke, Gillian Lewis, Andrew Pettegree 편집, *Calvinism in Europe 1540-1610: A Collection of Documents*(New York: Manchester University Press, 1992), 163.

11. Bolton, *The Saints Soul-exalting Humiliation*, 38.

과 관련하여 "옛 언약 성도들의 모든 행동을 복제하려는 사람은 선조들을 본받는 사람이기보다는 흉내쟁이가 될 것이다. 물론 외적인 의식이 폐지되었어도 그 실체는 여전히 남아 있음을 명심해야 한다"고 언급했다.[12]

또한 복음적으로 금식한다 함은, 금식을 통해 하나님의 은총을 얻으려는 율법적 마음으로(눅 18:9-14) 금식하지 않음을 뜻한다. 성경은, 금식을 경건의 표시로 여겨 금식하면서도 이웃과의 다툼을 그치지 않는 유대인들에 대해 언급한다(사 58:1-7). 예수님은 자기 의를 내세우는 금식을 하면서 과부의 가산을 삼키는 바리새인들을 책망하셨다(마 23:14). 안타깝게도 그 후로도 이런 종류의 율법주의적 금식이 신앙을 고백하는 그리스도인들 사이에 다시 나타났다. 예를 들어 아퀴나스는 "그리스도인들은 죄에 대한 정당한 형벌이라는 하나님의 공의의 요구를 만족시키기 위해(ad satisfaciendum pro peccatis) 금식해야 한다"라고 주

---

12. John Calvin, *Commentaries on the Book of the Prophet Daniel: Volume Second*, 13:137, Tomas Myers 역(Grand Rapids: Baker, 1996).

장했다.[13]

그러나 그의 주장과는 대조적으로, 오직 우리 주 예수 그리스도만이 십자가 처형에서 절정에 달한 그분의 순종의 삶을 통해 우리 죄에 대한 공의의 형벌의 요구를 만족시키셨다(롬 5:19). 이를 위해 주께서 공적으로 행하신 핵심적인 순종 행위들 중 하나가 40주야의 금식이었다(마 4:2). 성령님은 우리 주님을 광야로 이끄사 마귀의 시험을 받게 하셨다(마 4:1). 40주야 금식의 격렬하고 초자연적인 준비 기간이 끝나자, 사탄은 아담에게 갔듯이 예수님께 갔다. 토마스 맨턴(1620-1677)의 말에 따르면, "첫 아담에 의해 멸망되었던 것과 똑같은 방식으로, 우리는 둘째 아담에 의해 회복되었다. 아담이 잃어버린 것을 그리스도께서 회복하고 되찾으셨다. 우리의 행복은 첫 아담에 의해 상실되었는데…따라서 그것은 둘째 아담에 의해 회복되어야 한다."[14]

---

13. Aquinas, *Summa Theologica*, 3:1779. 또한 *The Saints Soul-exalting Humiliation*, 39-44에 나오는 로마 가톨릭의 금식에 대한 Bolton의 글을 보라.

우리 주님은 우리를 위해 온전히 순종하심으로써 우리를 영생으로 인도하시기 위해 이 시험을 겪으셨다. 주님 외에는 다른 누구도 줄 수 없는 영생을 주시기 위해 그렇게 하신 것이다. 존 파이퍼는 마태복음 4장을 요약하면서 "우리의 구원은 어느 정도 예수님의 금식 덕분이다"라고 말했다.[15]

우리를 위한 예수 그리스도의 사역 덕분에 새 언약 아래에 있는 우리는 복음 중심적 방법으로 금식한다. 이는 신자의 금식이, 성취되어 교회에 적용되는 그리스도의 은혜에 감사하는 행위임을 뜻한다. 바로 그런 이유로 영국 청교도 매튜 바커는 다음과 같이 말했다. "죄의 고백, 겸비, 탄원은 모두 그리스도를 믿는 신앙 및 하나님의 자비에 대한 소망과 결합되어야 하다. 그렇지 않으면 하나님께 받아들여지는 중요한 요소를 결여하게 된다…우리

---

14. *The Works of Thomas Manton*(repr., Birmingham, Ala.: Solid Ground Christian Books, 2008), 1:261에 수록된 Thomas Manton, "Christ's Temptation and Transfiguration Practically Explained and Improved in Several Sermons".

15. Piper, *A Hunger for God*, 55.

의 모든 의무는, 심지어 우리의 금식과 겸비도, 그리스도
께 대한 믿음과 소망과 사랑으로 복음적으로 행해야 한
다."[16]

간절하게 금식한다

금식의 복음 중심성에 대한 잘못된 반응으로서, 우리
는 새 언약을 더 "느슨한" 언약으로 여기려는 유혹을 받
는다. 그러나 우리는 더 간절하게 금식해야 한다. 그 이
유는 예수 그리스도께서 행하신 일 때문이다. 사실 성취
와 실체의 시대에 사는 우리는 약속과 그림자의 시대에(히
8-10장) 금식했던 자들보다 더 큰 열심과 간절함으로 금식
해야 한다. 과거 우리 선조들은 전쟁이나 역병이나 지도
자 임명이 있을 때, 또는 공동의 죄로 인해 공동의 회개가
필요할 때, 개인적, 회중적, 민족적 차원의 금식을 시행했
다. 그들은 중차대한 사건들을 맞아서 목숨을 거는 자세
로 임했다. 그들은 하나님의 임재와 만사에 대한 하나님

---

16. Barker, "A Religious Fast," 2:157-158.

의 섭리를 의식적으로 인식하며 살았다. 필립 바턴은 국가적 금식 행사를 맞이하여 영국 하원 앞에서 행한 1739년 1월 9일자 설교에서, 당대의 세속성에 대해 그리고 간절한 금식과 기도의 필요성에 대해 토로했다.

우리는 선조들의 절제와 진지함을 잃어버린 것이 분명하다. 우리는 나약하고 쾌락을 사랑한다. 이로 인해 전반적으로 경건이 쇠퇴하고 우리의 거룩한 종교의 모든 직분들이 멸시당하고 있다. 오늘날에는 불충함이 만연하여, 살아 계신 하나님의 군대에 감히 도전하고 있다. 요컨대 공적 예배와 기도와 성례에 태만한 태도를 보이고, 교만과 허영, 잔인함과 보복이 늘어나고, 겸손과 절제와 정숙함이 결여되고, 무자비함과 사치와 무절제가 심해지고, 무질서의 징후가 나타나고 있다. 확신하건대 우리는 매우 서글프고 쇠약한 상태에 처해 있는 것이다![17]

18세기의 영국이 이렇게 묘사될 수 있고 그래서 간절한 금식과 기도가 필요했다면, 우리 세대는 훨씬 더 필요하지 않겠는가? 간절한 금식과 기도가 필요한 이유는 우리의 승천하신 신랑이신 예수 그리스도께서 그의 신부인 우리를 한동안 떠나 계시기 때문이다. 그분의 초림과 재림 사이의 기간인 지금, 우리는 우리 영혼이 그 무엇보다 더 사랑하는 분을 향한 가슴앓이를 해야 한다. 그리스도인들이여, 이 절박한 시대에 주님의 재림을 사모하면서 간절하게 금식하며 기도하라.

기도하며 금식한다

끝으로, 금식은 기도하며 행해야 한다. 1장에서 언급했듯, 금식은 외적 측면과 내적 측면을 지닌다. 우리 선조도 금식의 외적 행위가 아니라 금식에서 우러나는 기도가 우리를 하나님 얼굴 앞으로 데려간다고 말했다. 금식은 기도를 돕는 데 의미가 있지, 그 자체로 선행이 되지는 않는다. 반드시 기억하라. 금식은 기도와 연결될 때만 선한 일이다.[18] 즉 금식을 안 해도 기도할 수 있지만, 기도하지

---

17. Barton, *The Nature and Advantages of a Religious Fast*, 12.

않으면 금식은 무익하다.

그래서 크리소스톰은 금식을 '기도의 학교'이자 '기도의 협력자와 조력자'로 묘사했다.[19] 또한 제임스 우셔 (1581-1656) 대주교 같은 사람들은, 금식을 '기도를 돕는 것'이라고 말했다.[20] 네덜란드의 설교가이자 신학자인 빌헬뮈스 아 브라켈(1635-1711)은 이렇게 말했다. "금식 그 자체는 신앙적인 행동이 아니고, 금식을 통해 하나님을 찾을 때에만 신앙적인 행동이다⋯금식의 목적은 단 한 가지이다. 영혼이 겸비해지게 돕는 것이다. 그 이상의 의미는 없다."[21] 끝으로 윌리엄 에임스는 예배를 위해 우리를 준비시키는 것들과 예배 자체를 직접 구성하는 것들을 주의 깊게 구분했다.[22] 기도는 예배를 구성하는 예배

---

18. "Of Good Works: And First of Fasting", 284; Calvin, *Daniel*, 13:138.

19. Chrysostom, *Homilies on the Statues*, 9:357.

20. James Ussher, *A Body of Divinity*, Michael Nevarn 편집(1648; repr., Birmingham, Ala.: Solid Ground Christian Books, 2007), 346.

21. Wilhelmus à Brakel, *The Christian's Reasonable Service*, Bartel Elshout, Joèl Beeke 편집(1995; Grand Rapids: Reformation Heritage Books, 2007), 4:5, 6.

의 핵심인 반면에, "금식은 본질적으로, 기도를 자유롭고 열렬하게 그리고 보다 지속적으로 하도록 돕는 일을 한다"고 했다.

칼빈은 금식의 세 가지 목표를 묘사함으로써 이 점을 잘 요약해주었다. 금식의 첫 번째 목표는 육신을 복종시키는 것이다. 금식은 우리의 육체적 욕망과 갈망과 욕구들을 억제시켜서 그것들에게 지배당하지 않게 한다. 금식의 두 번째 목표는 기도와 거룩한 묵상을 위해 영혼을 준비시키는 것이다. 금식은 우리 안에 주님을 향한 영적 갈망과 욕구를 창조한다. 세 번째 목표는 금식을 통해 우리의 자기 비하를 하나님께 보여 드리는 것이다.[23] 금식은 하나님의 자녀인 우리가 간구하고 있는 것을 진정으로 바란다는 사실을 하늘 아버지께 알려 드리는 징표이다.

금식과 기도의 관계를 이처럼 상세히 설명하는 이유는 무엇인가? 미신적인 금식, 즉 금식을 통해 하나님께 무엇

---

22. Ames, *Marrow*, 265.

23. Calvin, *Institutes*, 4. 12. 15. 이 세 부분은 "Of Good Works: And First of Fasting", 286-87에서 반복되어 나온다.

인가를 얻어내려는 생각에 빠지지 않도록 하기 위함이다. 금식은 기도의 방편일 뿐이다. 종교개혁 시기의 한 설교에 이런 내용이 나온다. "마음속에 불경건이 자리잡고 있고 악한 생각이 남아 있는 한(남아 있도록 허용하는 한), 사도 바울이나 세례 요한처럼 자주 금식하고 니느웨 사람들처럼 금식을 엄중하게 진행할지라도, 그것은 우리에게 무익할 뿐만 아니라 전능하신 하나님을 몹시 불쾌하게 만드는 일이다."[24]

금식은 기도를 동반해야 한다. 그러면 금식 때에 어떤 기도를 드려야 할까? 성경에서 우리는 금식 중에 드릴 수 있는 기도 유형들을 볼 수 있다. 경배, 죄의 고백, 도고, 간구, 그리고 감사의 기도이다(딤전 2:1). 그러나 그중 두 가지 주제에 특별히 초점을 맞출 필요가 있다.

첫째, 금식은 개인적인 죄와 공동의 죄를 고백하는 데 도움이 된다(스 9:3-6; 느 9:1-2; 단 9:4-11). 금식 중에 십계명을 묵상하고 생각과 말과 행동으로 저지른 죄들을 자백하는

---

24. "Of Good Works: And First of Fasting", 286-287

것도 한 방법이다. 하이델베르크 교리문답 93-115문이나 웨스트민스터 대요리문답 101-152문을 활용하는 것도 도움이 될 수 있다.[25]

둘째, 금식은 당장 특별히 필요한 것을 간구하는 데 도움이 된다. 다니엘은 파괴된 예루살렘과 성전의 회복이 절실하게 필요했다(단 9:12-19). 오늘날의 예를 들면 미국인의 경우에는 9·11과 같은 국가적 비극, 부흥이나 선거와 같은 국가적 필요, 특별히 힘든 권징과 같은 회중의 난제, 혹은 하나님께 감사드릴 큰 축복의 시기 등에 특별히 필요한 것을 간구하며 금식할 수 있다. 웨스트민스터 신앙고백은 예배의 특별한 부분에 관한 항목에서 "거룩하고 신앙적인 방식으로 활용되어야 하는 엄숙한 금식과 특별한 경우에 드리는 감사"를 기술함으로써 이 사실을 다룬다.[26] 이것은 예배모범에서 '엄숙한 공중 금식에 관하여'와 '공중 감사일 준수에 관하여'라는 제목하에 상세

---

25. Scudden, *The Christian's Daily Walk*, 57-70.

26. *Westminster Confession of Faith*, 21. 5.

히 설명되어 있다. '엄숙한 공중 금식에 관하여'라는 제목 하에, 가족과 회중과 국가 차원에서 금식과 기도를 행해야 할 때들을 예시하고 있다. 즉 "크고 현저한 심판이 한 민족에게 임하거나 그런 심판이 임박하거나 혹은 그런 심판을 받아 마땅한 사악한 일들이 일어날 때, 그리고 어떤 특별한 축복을 구할 필요가 있을 때"로서 이들은 모두 "신적 섭리가 작용하는 때이다."[27]

"그 때에는 금식할 것이니라"(마 9:15). 여기서 예수님은 자신의 승천 이후 시대를 말씀하고 계신다. 성경의 다른 곳에서는 물론이고 예수님의 가르침에서도 보듯이, 새 언약 안에서 그리스도인은 겸손한 마음으로, 진지한 목적을 지니고서, 언제나 그리스도 중심으로, 그리스도의 재림을 갈망하는 간절함을 지니고서, 항상 기도를 도우려는 목적으로, 복음 시대의 자유를 표현하는 방법을 따라 금식해야 한다.

---

27. *The Westminster Directory of Publick Worship*(Rose-shire, Scotland: Christian Heritage, 2008), 121-123.

결론

■

■

앞서 나는 금식이 잔치의 반대 개념이라고 말하면서 1장을 시작했다. 이 말은 현세의 삶의 관점에서 본 것이다. 반대로 천상의 삶의 관점에서 볼 때 금식은 예수 그리스도를 즐거워하는 잔치이다. 한 청교도 신자의 말처럼 "영혼을 살찌우는 것"이다.[1] 그것은 "이 세상의 가장 맛있는 음식을 먹기보다는 천국에서 하나님의 상에서 먹겠다"라는 담대한 선언이다.[2]

---

1. Bolton, *The Saints Soul-exalting Humiliation*, 속표지.

2. Piper, *A Hunger for God*, 61.

우리는 성경적인 금식의 실천사항을 회복할 필요가 있다. 아 브라켈(à Brakel)은 이렇게 말했다. "은밀하게나 공적으로나 금식이 극히 드물게 행해지는 것은 매우 서글픈 사실이다. 이는 교회의 심각한 쇠퇴를 나타내는 표지이다. 그러므로 경건한 삶을 원하며 시온의 안녕을 보길 바라는 모든 이는 이 의무를 이행하고자 분발해야 한다…이 실천사항이 사라지게 하지 말라."[3] 당신은 개인적인 경건을 개혁하며 회복하려 하는가? 만일 당신이 목회자라면, 당신의 회중을 이런 방향으로 인도하겠는가?

이 실천사항을 회복시키고자 한다면, 하나님의 임재에 의지하는 마음으로 그분 앞에 나아가자. 우리의 죄를 고백하면서 기도하고, 우리의 삶과 우리 교회를 축복해 주시기를 그리고 우리로 영적인 삶을 살게 해주시기를 간구하자. 하나님 앞에 나아가 그분의 은혜로 우리를 채워 주시기를, 우리 교회에 구원얻는 자들이 매일 더해지기를, 그리고 우리를 인도해 들이신 곳에서 그분의 등잔이 계속 밝게 빛

---

3. à Brakel, *The Christian's Reasonable Service*, 4:9.

나게 해주시기를 간구하자. 또한 신랑의 재림을 고대하며
한마음으로 나아가자. 주여, 개인과 교회로서, 필요할 때
성경적인 금식을 행할 수 있는 분별력을 우리에게 주소서.

참고문헌

■

■

à Brakel, Wilhelmus. *The Christian's Reasonable Service*. Bartel Elshout 역. Joel R. Beeke 편집. 1995. Reprint, Grand Rapids: Reformation Heritage Books, 2007.

Ames, William. *Conscience with the Power and Cases Thereof*. N.p: n.p., 1639.

————. *The Marrow of Theology*. John Dykstra Eusden 역. 1968. Reprint, Grand Rapids: Baker, 1997.

Augustine, "On the Usefulness of Fasting." In *The Fathers of the Church*. Sister Mary Sarah Muldowney 역. 1952. Reprint, Washington D.C.: The Catholic University of America Press, 1965.

————. "Letter 36: to Casulanus." J. g. Cunningham 역. In vol. 1 of *Nicene and Post-Nicene Fathers: First Series*. 1886.

Reprint, Peabody, Mass.: Hendrickson, 2004.

─────. "Letter 55: To Januarius." J. g. Cunningham 역. In vol.
1 of *Nicene and Post-Nicene Fathers: First Series*. 1886.
Reprint, Peabody, Mass.: Hendrickson, 2004.

Barker, Matthew. "A Religious Fast." In vol. 2 of *Puritan
Sermons 1659–1689*. 1674. Reprint, Wheaton, Ill.: Richard
Owen Roberts Publishers, 1981.

Barton, Philip. *The Nature and Advantages of a Religious
Fast*. London: J. Pemberton, 1739.

Bolton, Robert. *The Saints Soul-exalting Humiliation; or
Soule-fatting fasting*. London: John Haviland, 1634.

Calvin, John. *Institutes of the Christian Religion*. John T.
McNeill 편집. Ford Lewis Battles 역. 2 vols. Philadelphia:
Westminster, 1960.

The Directory for the Publick Worship of God. In *Westminster
Confession of Faith*. 1958. Reprint, Glasgow, Scotland: Free
Presbyterian Publications, 2009.

Kuyper, Abraham. *The Practice of Godliness*. Marian M.
Schoolland 역. Grand Rapids: Eerdmans, 1948.

Lloyd-Jones, D. Martyn. *Studies in the Sermon on the Mount*.
2 vols. Grand Rapids: Eerdmans, 1960.

Manton, thomas. "Christ's Temptation and Transfiguration
Practically Explained and Improved in Several Sermons."

In *The Works of Thomas Manton*. Reprint, Birmingham, Ala.: Solid Ground Christian Books, 2008.

"Of Good Works: And First of Fasting" and "The Second Part of the Homily of Fasting." In *The Two Books of Homilies*, John griffiths 편집, 279 – 96. Oxford: Oxford University Press, 1849.

Piper, John. *A Hunger for God: Desiring God through Fasting and Prayer*. Wheaton, Ill.: Crossway, 1997.

Rogers, Eric N. *Fasting: The Phenomenon of Self-Denial*. Nashville: Thomas Nelson, 1976.

Scudder, Henry. *The Christian's Daily Walk in Holy Security and Peace*. 1690. Reprint, Harrisonburg, Va.: Sprinkle Publications, 1984.

Ussher, James. *A Body of Divinity*. Michael Nevarr 편집. 1648. Reprint, Birmingham, Ala.: Solid Ground Christian Books, 2007.

신약 시대 신자가
왜 금식을 해야 하는가

지은이 대니얼 R. 하이드

옮긴이 김태곤

펴낸이 김종진

초판 발행 2019. 7. 18.

등록번호 제2018-000357호

등록된 곳 서울특별시 강남구 선릉로107길 15, 202호

발행처 개혁된실천사

전화번호 02)6052-9696

이메일 mail@dailylearning.co.kr

웹사이트 www.dailylearning.co.kr

책값은 뒤표지에 있습니다.

ISBN 979-11-966781-3-5 03230